AF591158

SUR

LA SOUVERAINETÉ.

SUR

LA SOUVERAINETÉ;

PAR M.-J. CHAS,

ANCIEN JURISCONSULTE.

SECONDE EDITION,

Revue et augmentée.

A PARIS,

Chez BACOT, libraire, au Palais-Royal, galeries de bois.

1810.

SUR

LA SOUVERAINETÉ.

AVANT l'institution du corps politique, le droit de souveraineté appartenait à tous les membres de la société : par le nouveau pacte social, elle a été transmise à des représentans. Le peuple doit reconnaître cette convention solennelle, où il a abdiqué volontairement sa souveraineté, et il ne peut la reprendre sans ouvrir les sources des dissensions intestines : alors le gouvernement serait à la disposition de la partie gouvernée ; et si, comme l'observe très-bien Rousseau, il est contre l'ordre que le grand nombre gouverne, il est certain qu'on ne peut plus investir le peuple du droit d'exercer la puissance souveraine, sans se jeter dans l'anarchie. Cette conséquence a paru si évidente à l'auteur du *Contrat social*, qu'il déclare que les peuples, une fois accoutumés à des maîtres, ne sont plus en état de s'en passer; s'ils tentent de secouer le joug, ils s'éloignent d'autant plus de la liberté, que, prenant pour elle une licence effrénée qui lui est opposée, leurs révolutions les livrent presque toujours à des séducteurs, qui ne peuvent qu'appesantir leurs chaînes.

Cependant Rousseau prétend que le peuple ne peut point aliéner son droit de souveraineté; mais si cette aliénation lui est utile, si elle devient le fondement de sa tranquillité, de son bonheur, de sa liberté, il a pu préférer un bien réel à l'exercice d'un droit onéreux. Par le droit naturel, on peut aliéner ce qui nous appartient; on peut donner, vendre, échanger son héritage, ses propriétés; et pourquoi ne pourrait-on point abandonner des droits honorifiques, surtout lorsque le prix qu'on en retire est supérieur aux choses vendues, cédées ou échangées? Par la cession des droits de la souveraineté, le peuple n'a point aliéné sa liberté; il lui a donné, au contraire, plus d'étendue et plus de solidité. Là où est le bonheur, là est la liberté; l'homme est véritablement libre, lorsqu'il jouit paisiblement de ses droits naturels et civils. Avant le contrat d'aliénation, il n'avait que la force ou la ruse pour conserver et défendre ses droits naturels, il était oppresseur ou opprimé; tyran, ou esclave; il fallait éternellement combattre, ou périr les armes à la main : par son abdication, il s'est environné de la force générale. Ainsi sous la protection des lois, il ne craint ni l'usurpation, ni la servitude; il rentre dans la plénitude paisible de ses droits : la société sanctionne les bienfaits qu'il a reçus de la nature. Le chef de la confédération générale lui a promis, sous la foi du serment, de défendre sa liberté, ses possessions, son industrie, ses facultés : ce contrat est tout à son avantage; il le délivre des inquiétudes et des embarras qu'il éprouvait dans l'exercice d'une prérogative qu'il ne pouvait conserver que par la force, et qu'il pouvait perdre à chaque instant. Toujours occupé à attaquer et à défendre ses propriétés, il était malheureux, et devenait souvent criminel. En abdiquant sa souveraineté, il renaît au bonheur et à la paix; ses droits naturels et civils sont maintenus dans toute leur intégrité. En devenant citoyen, il participe à tous les bienfaits d'une heureuse législation; il voit son patrimoine s'étendre, son industrie s'agrandir, ses facultés se multiplier. La carrière d'honneur et de gloire s'ouvre pour lui : c'est alors qu'il voit la différence qui existe entre l'état de nature et celui de la société; entre une indépendance orageuse, et une soumission réglée par la loi.

Nous allons examiner à qui appartient le droit de la souveraineté : c'est ici la question la plus importante du contrat social, et peut-être la plus difficile à développer.

La nation, comme nous l'avons déjà observé, après la ratification du pacte social, et après l'institution des pouvoirs, ne peut plus exercer son droit de souveraineté ; elle l'a transmis à ses représentans. Ces derniers doivent l'exercer tel qu'il était dans son origine primitive. Quels sont ces représentans ? Ce sont ceux qui créent les lois, et celui qui les sanctionne et les fait exécuter : tous les deux sont associés à la puissance législative, et sont par conséquent souverains. Nous développerons bientôt la vérité de ce principe.

Mais pour que les membres du corps législatif puissent partager l'exercice de la souveraineté, il faut qu'ils soient élus immédiatement par la nation, et qu'ils aient le droit de proposer, de discuter et de faire des lois fondamentales et administratives. Dans cette hypothèse, ils sont véritablement les représentans de la nation, et, en cette qualité, ils sont associés au droit de la puissance souveraine. En France, les députés au Corps législatif sont désignés dans une liste au Gouvernement par les Colléges électoraux, dont le président est nommé par l'Empereur. Ces candidats sont présentés au Sénat, et choisis par le pouvoir conservateur. Cette désignation, cette présentation, ce choix, ne transmettent aucun droit de souveraineté, puisque ce n'est qu'en vertu d'un sénatus-consulte que les députés entrent au Corps législatif. Le Sénat qui les nomme ne représente point la nation; s'ils ne peuvent ni proposer, ni discuter les lois, mais seulement adopter ou rejeter celles qui leur sont proposées par le Gouvernement, alors ces députés ne sont point les représentans de la nation, et n'exercent, par conséquent, aucune portion de la souveraineté : ils sont seulement des conseillers qui peuvent éclairer le Gouvernement; ils jouissent d'un grand privilége, puisque leur sanction est essentielle pour perfectionner la loi; c'est ici un pouvoir législatif, et non un pouvoir de souveraineté. Mais il ne faut pas croire que ce Corps législatif, amovible et temporaire, rejette des projets de lois sagement proposés, mûrement discutés au Conseil-d'état;

leur refus de sanctionner serait réprouvé par l'opinion publique, par le vœu national, et par la volonté générale, dont l'Empereur est le représentant. Un projet de loi, discuté et approfondi par des hommes qui réunissent la science de la législation au génie de la politique, est le fruit d'une profonde sagesse.

La souveraineté consiste dans le droit de proposer, de discuter, et de faire des lois fondamentales. Ces lois, en France, ne sont jamais proposées à la sanction du Corps législatif; il ne délibère que sur des objets concernant les impôts et d'administration publique : donc, il n'exerce aucun droit de souveraineté; donc, il n'est point le représentant de la nation. Rousseau, et la plupart des publicistes, n'ont pas su distinguer la puissance souveraine d'avec la puissance législative ; ils ont confondu les lois fondamentales et les lois administratives. Ces deux pouvoirs ont des fonctions différentes : la puissance souveraine est instituante ; elle organise le corps politique, et son action continue après cette organisation; elle ajoute et modifie les lois constitutives. La puissance législative ne fait que des réglemens administratifs, et vote les impôts. Un savant publiciste a placé l'exemple à côté du précepte, afin de rendre plus sensible la différence qu'il y a entre ces deux autorités. « Un homme, dit-il, construit une maison : pendant qu'il est occupé à élever son édifice, il est certain qu'il opère comme créateur, et non comme administrateur ou conservateur ; car il ne peut ni administrer, ou veiller à la conservation du bâtiment. Dans ce premier acte, l'homme qui construit me représente le souverain procédant à l'organisation du corps politique. La maison est-elle achevée, l'œuvre de la création est-elle finie, je n'aperçois plus l'architecte ; le caractère du créateur est effacé. Mais après la création, il veille à la conservation de son ouvrage; ses soins le préservent des dégradations, des envahissemens; et, dans ce dernier acte, je reconnais l'administrateur. Je distingue dans la même personne la puissance qui construit, la puissance qui conserve : c'est ainsi que le pouvoir souverain et le pouvoir législatif se présentent à mon idée ».

Telle est l'institution et la nature du Gouvernement français. L'Empereur exerce seul la plénitude de la souveraineté, comme le représentant héréditaire de la nation, comme pouvoir constituant, comme pouvoir administratif; il est législateur et exécuteur suprême des lois ; il est l'âme du gouvernement ; il met en activité toutes les parties de la constitution : c'est lui qui propose les lois constitutives, les lois civiles et administratives ; il fait des réglemens, crée des institutions sociales ; commande les armées, déclare la guerre, fait la paix ; conclut les traités de commerce et d'alliance ; nomme à tous les emplois civils, militaires et religieux : c'est en son nom que les lois sont proclamées, et que la justice est rendue dans tous les tribunaux. Sa personne est sacrée et inviolable ; son effigie est gravée sur les monnaies ; il a le droit de faire grâce et de commuer les peines. Les membres du Corps législatif sont ses sujets : tous les citoyens lui doivent respect et obéissance. Il n'a au-dessus de lui que Dieu et la loi. Tous ces droits, toutes ces prérogatives constituent la véritable souveraineté ; il l'exerce dans toute sa plénitude et dans toute son intégrité, sans partage et sans division.

L'initiative des lois fondamentales et administratives forme la véritable essence et le caractère distinctif de la puissance souveraine et de la puissance législative. Qu'il nous soit permis de démontrer la sagesse de cette belle institution, qui est le principal fondement sur lequel reposent l'ordre social et la prospérité des peuples.

Le chef suprême de la nation, celui qui a en main les rênes du gouvernement, qui les dirige à son gré, qui, dans un centre commun, attire toutes les parties de l'administration, est instruit des besoins du peuple : placé sur une hauteur éminente, ses regards attentifs parcourent avec facilité toutes les parties de l'Empire; il examine, il interroge; son génie s'étend sur tout son peuple, et veille à son bonheur. Il sait quelles sont les lois et les institutions qui conviennent à son caractère, à ses mœurs, à ses habitudes. Des députés qui n'apportent dans les délibérations publiques que des connaissances bornées et des instructions vagues, qui exercent des fonctions temporaires, ignorent la diversité des intérêts naissant de la différence du climat, des localités, des coutumes, des différens habitans des provinces; il leur est impossible de réunir toutes ces diverses parties, et de régler, par des lois uniformes, les institutions qui conviennent à tous les membres du corps social. Parmi les codes politiques qui ont illustré tant de nations, il n'en est point qui n'ait été le fruit des pensées et des conceptions d'un seul homme. Minos donna des lois à la Crète; Zoroastre aux Perses ; Confucius aux Chinois; Moïse aux Hébreux; Solon aux Athéniens; Lycurgue aux Spartiates; Numa aux Romains; Mahomet aux Arabes. Leurs lois ont subsisté et subsistent depuis plusieurs siècles, et les peuples soumis à toutes ces législations ont brillé sur la terre par leur valeur et leur sagesse. Plusieurs de ces nations ont disparu, parce que la nature conduit tout ce qui existe à sa dissolution, et que rien ne peut changer la destinée des empires : ainsi que l'homme, ils passent de l'enfance à la jeunesse, de la jeunesse à l'âge mûr, de la vieillesse à la mort; rien ne peut suspendre cette marche lente et insensible. A peine sont-ils arrivés à ce point de prospérité qui fixe les regards et l'admiration des hommes, qu'un bras caché semble les pousser violemment vers leur dissolution; en vain luttent-ils dans le cours des âges contre la destinée qui les presse ; ils sont nécessairement forcés de devenir la proie du temps qui précipite dans les tombeaux les générations, leurs lois, leurs institutions, et ces monumens superbes qui semblaient braver les siècles et promettre l'immortalité.

Un génie sublime, qui s'élève par ses propres

forces à de grandes conceptions, peut créer une nation, réunir des hordes dispersées, et les conduire à la civilisation par des principes généraux de politique et de législation. Il peut leur donner un code constitutionnel, qui renfermera leurs lois et leurs institutions : c'est l'architecte qui crée le plan de l'édifice, et en pose les fondemens; c'est le chef suprême de l'état qui représente, dans le système social, cette puissance mystérieuse, qui, dans l'ordre moral, réunit l'action à la volonté. Chargé de l'administration générale, il correspond avec toutes les parties de l'empire; reçoit les instructions de ses conseillers et de ses agens; connaît l'opinion publique, et consulte le vœu national. Dirigé par de sages conseils, il propose au Corps législatif les lois destinées à la prospérité de l'état et au bonheur du peuple. Le Gouvernement qui a la pensée qui conçoit, l'âme qui dirige, la volonté qui exécute, est le plus beau et le plus utile de tous les Gouvernemens.

Une assemblée d'hommes différant par leur caractère, leurs opinions, leurs principes, ne peut point, de son propre mouvement, donner des lois à l'universalité d'un peuple dont elle ne connaît ni ses besoins, ni ses divers intérêts;

une assemblée agit plus par influence que par réflexion ; elle discute sans ordre, et délibère au hasard : il faut des têtes froides et des cœurs purs. Toutes les passions se réunissent dans une assemblée nombreuse : on y voit tour-à-tour les erreurs de l'amour-propre, et les présomptions de l'orgueil ; les discussions se prolongent, les débats deviennent tumultueux ; chacun veut corriger, retrancher, augmenter : dans cette confusion, la loi devient obscure, contradictoire ; un préambule inutile, ou dangereux, en altère le sens, et une fausse explication en détruit la force. Les lois les plus courtes se gravent plus facilement et plus profondément dans le cœur des hommes. Quand Moïse donna aux Hébreux les Tables de la loi, il les écrivit en dix articles, et ces dix articles sont encore, après trente siècles, les préceptes religieux et moraux les plus simples et les plus incontestables. Cette noble simplicité ne peut point régner dans une assemblée nombreuse de législateurs, parce que les lois sont les résultats des pensées de plusieurs hommes différant dans leurs principes, dans leurs opinions, et sans cesse agités par toutes les passions. Ce n'est point dans cette diversité des sentimens, et au milieu d'une agitation éternelle, qu'on peut établir les fondemens d'une bonne législation. Les législateurs de l'antiquité fuyaient le tumulte des villes, et allaient, dans le silence de la retraite, méditer les lois qu'ils devaient donner aux peuples.

Des lois proposées, discutées et délibérées dans une assemblée nombreuse, et en présence du peuple, ne seront jamais l'ouvrage du calme et de la réflexion. Toute loi qui ne sera point méditée dans le silence, et examinée loin de la multitude, sera nécessairement une loi mauvaise ou inutile. Les erreurs des législateurs sont plus funestes aux états que des batailles perdues : la perte des hommes se répare facilement, parce que la nature travaille continuellement à la reproduction, et que ses opérations créatrices se succèdent avec une rapidité étonnante. La guerre donne plus de force et communique une nouvelle énergie à un peuple qui est sur le champ de bataille pour défendre ses lois et sa liberté. Après les orages et les tempêtes, l'horizon s'embellit d'un nouvel éclat, et l'astre du jour répand une lumière plus vive et plus pure ; mais une mauvaise législation détruit le germe de la prospérité générale, dégrade les nations, renverse tous les fondemens de la force publique, et son influence destructive s'étend jusqu'aux générations futures.

Le chef suprême de la nation, chargé de proposer les lois, les méditera dans un silence religieux; il consultera des hommes savans, sages, vertueux; il sera pénétré de l'étendue et de la sainteté de ses devoirs. Soumis à cette opinion publique, dont la force morale est si puissante et si redoutable, intéressé à la gloire et au bonheur de son peuple, instruit qu'il doit régner par la justice, il ne sera point dominé par ces passions diverses qui agitent une assemblée nombreuse, et dont les membres peuvent facilement échapper à la censure publique, et la braver impunément. Dans ses profondes méditations, dans son amour pour le bien public, sous les regards de l'Être suprême, et dans l'attente des bénédictions de son peuple, il ne proposera que des lois justes et utiles; il sera l'interprète et l'organe de la volonté générale; il ne parlera qu'un langage noble, fier et majestueux; ses expressions seront grandes et pures, ses pensées profondes et sublimes; et, comme le prêtre de l'ancienne loi, il portera sur sa poitrine l'emblême de la force et l'image de la vertu.

Examinons la question principale que nous avons posée, et prouvons que, dans les Gouvernemens où il existe un Corps législatif dont les membres sont élus immédiatement par la nation, et où ils ont le droit de proposer et de faire des lois, l'exercice de la souveraineté est partagé entre le pouvoir législatif et la puissance exécutrice.

Suivant tous les publicistes, le Gouvernement est l'esprit de la constitution mise en action : c'est l'instrument dont il se sert pour maintenir dans toutes ses parties l'ordre établi par les lois constitutionnelles. Aucune autorité ne peut exister sans une autorité assez puissante pour réprimer les efforts de l'intérêt particulier contre l'intérêt commun : c'est cette autorité qui constitue l'essence du Gouvernement, centre auquel tous les rayons se rapportent, et dont la force doit être assez grande pour maintenir l'équilibre de toutes les parties. Le mode du Gouvernement est lié avec la constitution, dit M. Necker ; il n'en est séparé que par le jeu de ses mouvemens, qui constitue le pouvoir exécutif ; mais il doit recevoir de la constitution son principe de vie, et du Corps législatif son principe d'action. Le Gouvernement est le dépositaire de la force publique, l'exécuteur de la volonté nationale : c'est l'âme du corps politique; il ne peut s'anéantir sans que les liens de la société se dissolvent; il est le fondement sur lequel repose l'édifice social. Le Gouvernement est donc véritablement souverain dans l'exercice de ses droits, puisqu'il sanctionne les lois : comme force et comme source d'esprit public, il est, pour les administrations en général, ce que le soleil, comme foyer de la chaleur universelle, est pour toute la terre; il la réchauffe de ses rayons et distribue un principe de fécondité dans toutes les parties du système végétal, pour animer et développer les germes qui reposent dans son sein.

Rousseau, dans son Contrat social (*chap. des Gouvernemens*), admet des principes vrais et incontestables; mais il en tire des conséquences fausses et dangereuses : cette étrange contradiction le conduit à de grandes erreurs. Il dit « que toute nation libre a deux causes qui concourent à la produire : l'une morale; savoir, la volonté qui détermine : l'autre, physique; savoir, la puissance qui l'exécute; qu'on doit distinguer dans le corps politique la force et la volonté : celle-ci, sous le nom de puissance législative, l'autre sous le nom de puissance exécutrice : rien ne se fait sans leur concours. » Cependant, Rousseau concentre toute la souveraineté dans la puissance législative, et ne donne à la puissance exécutrice qu'une ombre d'autorité. Mais quel est donc ce pouvoir dont les fonctions se borneraient à faire exécuter les lois, sans avoir le droit de les sanctionner? Ce serait une autorité faible, illusoire, dans la dépendance servile d'un Corps législatif, qui lui ordonnerait de faire exécuter des lois dangereuses ou funestes ; ce serait une véritable olygarchie : il n'y aurait ni gouvernement, ni liberté, ni patrie, ni citoyens; mais dans une monarchie, il faut que le chef de la nation ait le droit de sanctionner les lois : ainsi, si rien ne doit se faire sans le concours de ces deux pouvoirs; si l'un est la force, et l'autre la volonté, les deux pouvoirs sont égaux : l'un dans la création de la loi, et l'autre dans sa sanction et sa promulgation. Il est absurde et contradictoire de dire que le Corps législatif jouit seul de la souveraineté déléguée, puisque les lois ne peuvent recevoir leur complément et leur perfection que de la sanction et de la force de la puissance exécutrice. Le Gouvernement réunit la volonté et la puissance dans les lois qu'il sanctionne. Comme associé à la législation, et comme exécuteur suprême, le chef de la nation partage l'exercice de la souveraineté.

La volonté générale n'est rien sans la force nécessaire destinée à la faire respecter et exécuter : c'est le bloc de marbre que l'ouvrier tire de la carrière, mais que le statuaire sait embellir et perfectionner. La souveraineté consiste dans l'exercice de la volonté générale et de la force publique, qui ne doit se mouvoir qu'aux ordres seuls du pouvoir exécutif. La souveraineté réunit la volonté et la puissance du corps moral: la volonté pour faire les lois, la puissance, pour les faire exécuter.

Rousseau pense que la puissance exécutrice ne consiste que dans des actes particuliers qui ne sont pas du ressort de la loi, ni par conséquent de celui du souverain, dont tous les actes ne peuvent être que des lois; mais l'exécution de la loi est du ressort de la loi; elle est liée à son essence, et ne peut point s'en séparer, puisque sans cette exécution il n'existerait aucune loi. Le célèbre Donatello venait de donner le dernier coup de ciseau à une figure : *A présent, marche!* s'écria-t-il enthousiasmé de son ouvrage; mais la statue ne marcha point, parce qu'elle n'avait reçu aucun principe de vie capable de lui imprimer le mouvement. Voilà l'image d'une loi qui n'a point été exécutée, et qui n'a pas reçu la sanction du Gouvernement. Pygmalion anima sa statue : voilà l'emblême de la loi entre les mains du pouvoir exécutif. Pour établir un juste équilibre, il faut que le chef de la nation soit associé à un degré éminent à la puissance législative, et qu'il partage l'exercice de la souveraineté. Alors la force publique, comme l'observe Rousseau, doit avoir un agent qui la réunisse et la mette en œuvre suivant les directions de la volonté générale, qui fasse, en quelque sorte, dans la puissance publique, ce que fait, dans l'homme, l'union de l'âme avec le corps.

Le Gouvernement doit avoir deux forces : la force morale et la force physique ; elles lui sont nécessaires pour prévenir et enchaîner les factions, pour défendre son autorité contre la rébellion et l'anarchie, et pour contenir tous les membres du corps social dans l'obéissance des lois, et dans leur respect envers leur chef et leurs magistrats ; ces deux forces réunies ensemble n'en peuvent point être séparées : sans la force morale, la force physique est dans l'inertie et n'agit point ; sans la force physique, la force morale est sans activité et sans puissance. Le chef de la nation, comme associé au pouvoir législatif, représente la volonté générale, et dirige la force morale ; comme exécuteur suprême de la loi et maître de l'armée, il dispose de la force physique. Sous ce double rapport, il est le représentant de la nation, et par conséquent, il doit jouir de la souveraineté et exercer le pouvoir législatif.

C'est comme souverain que le chef de la nation a le droit de convoquer, de proroger et dissoudre le Corps législatif. C'est ici qu'on reconnaît le véritable caractère de la souveraineté. Le Corps législatif ne peut point s'assembler de lui-même ; car, comme l'observe Montesquieu, un corps n'a de volonté que lorsqu'il est assemblé, et s'il ne s'assemble pas unanimement, on ne saurait dire quelle partie serait le Corps législatif ; c'est au chef de la nation à garantir l'ordre public et la régularité du mouvement social. Si l'esprit d'anarchie et d'innovation s'introduit dans le Corps législatif, il faut bien que le représentant de la nation, chargé de sa destinée, puisse prévenir des troubles qui menacent l'Etat. Alors il doit proroger ou dissoudre un corps qui peut devenir dangereux, et qui tend toujours à l'agrandissement de son pouvoir; il faut se hâter de détruire cet esprit d'opposition et de résistance, toujours prêt à fomenter des factions nuisibles au corps social. Le droit de dissoudre le Corps législatif est un attribut essentiel de la souveraineté.

L'inviolabilité du chef de la nation est encore un attribut essentiel de la souveraineté; il est revêtu de la suprême magistrature, non par sa volonté, non par son choix, mais par l'effet de la volonté générale. Il représente la nation, et il est l'image de la loi; c'est en lui que se concentrent toutes les forces et toutes les volontés du contrat social. Il faut, dit un publiciste, que celui qui exerce le pouvoir souverain ne soit point exposé à des dénonciations et à des poursuites judiciaires préparées par l'ambition et la vengeance. La personne du représentant de la nation doit être sacrée. L'intérêt national, le salut public exigent qu'il soit élevé au-dessus des autres citoyens, parce qu'il faut que son action, qui tend toujours à l'ordre et au bien de l'Etat, soit libre et n'éprouve point d'obstacles; il faut qu'il imprime le respect qui fait aimer l'obéissance que la loi commande, et qu'il contienne dans les limites constitutionnelles toutes les autorités secondaires, qui ne tendraient qu'à s'en écarter ou à les franchir. Il faut qu'il prévienne ou qu'il réprime toutes les passions qui s'efforcent de contrarier le bien général, qu'il tienne dans ses mains tous les ressorts du gouvernement tendus, et qu'il ne souffre pas qu'un seul se relâche. Pour remplir de si grands devoirs, il est juste et nécessaire que le chef de la nation jouisse d'une grande puissance, et pour que cette puissance ait toute la liberté de son exercice, il faut qu'elle soit inviolable.

Ce n'est point pour leurs chefs que les nations ont institué cette inviolabilité : c'est pour leurs intérêts politiques et pour leur propre tranquillité; c'est pour affermir le règne des lois, pour enchaîner les passions et pour prévenir ces révolutions terribles qui conduisent les peuples à l'anarchie et à l'esclavage. On a compris que dans un temps de troubles, où toutes les passions sont déchaînées, l'autorité méconnue, et les lois outragées, il est facile d'accuser le chef de la nation, et de soulever une multitude toujours prête à s'insurger contre le Gouvernement. Voilà, dit M. Necker, la véritable origine de l'inviolabilité : elle se perd dans la nuit des temps.

C'est sur cette base que reposent les véritables principes, les vérités saintes que les nations se sont transmises d'âge en âge et d'un commun accord. Cette inviolabilité se rapporte à une considération importante. On a reconnu qu'il était impossible de faire juger celui qui exerce la plénitude du pouvoir exécutif par des hommes dont l'impartialité fût certaine; car dans le cours d'une longue administration, le suprême magistrat, duquel émane une infinité de décisions, a dû nécessairement blesser l'ambition, l'orgueil et l'intérêt de plusieurs hommes; alors toutes les passions se soulèvent, on prépare des projets d'insurrection et de vengeance. Le rang dont on veut le dépouiller excite l'ambition des uns, et nourrit les espérances des autres.

C'est une mauvaise constitution que celle où la souveraineté est partagée : alors les pouvoirs se heurtent, se confondent et se combattent. Le système de l'équilibre des pouvoirs, adopté par les anciens Gouvernemens, et défendu par plusieurs publicistes avec autant de légèreté que d'imprudence, a produit des troubles et des factions, et a préparé de tristes et sanglantes révolutions. Les constitutions des anciens peuples ont éprouvé de perpétuelles variations, parce qu'elles avaient établi cette balance de pouvoirs si funeste aux nations. Les républiques de la Grèce, de Rome et de Carthage avaient cherché la liberté dans le mélange de différentes espèces de gouvernemens, et dans la balance des autorités : cette confusion enfanta les dissensions et les guerres civiles. Lycurgue ne connut jamais cet heureux accord de la nature et de la raison. Sa législation farouche ne fit que des esclaves et des citoyens malheureux; elle autorisa les vices, et éteignit dans les cœurs le sentiment de la morale et de la justice. Rome n'eut jamais de gouvernement fixe; ce peuple fier et conquérant portait partout l'esclavage, et donnait des fers aux nations au nom de la liberté; il dut sa gloire et sa grandeur à la faiblesse prolongée de l'Europe, alors sans culture et sans population. De grands conquérans s'élevèrent au milieu de cette obscurité profonde, et par la force de leurs armes ils renversèrent cette puissance orgueilleuse qui voulait asservir l'univers. Les anciens philosophes eux-mêmes, dans leur système de division et d'équilibre des pouvoirs, se sont égarés; ces pouvoirs étaient mélangés sans ordre : ils s'embarrassaient dans leurs mouvemens, et se choquaient dans leur direction. Platon et Aristote ont bien développé quelques principes sur cette matière, mais ils n'ont point posé des limites fixes et invariables : tout est désordre et confusion dans leurs idées. La science de la politique et de la législation était dans son enfance, et on ignorait ces principes sociaux qui doivent régir les états et gouverner les nations.

Si l'Europe a été si souvent bouleversée ; si la guerre a détruit l'espèce humaine ; si de grandes révolutions ont renversé des trônes et détruit des Gouvernemens, tous ces déchiremens politiques, toutes ces calamités sont l'ouvrage des erreurs et de l'ignorance des temps. Si les peuples eussent été régis par des lois constitutives sagement combinées, les guerres eussent été moins fréquentes et les révolutions moins sanglantes. Si nous avons vu, en France, trois différentes constitutions paraître et s'écrouler, c'est qu'on avait établi ce système de balance et d'équilibre des pouvoirs, dont le résultat a produit les excès et les crimes de la révolution. Dans la première, la puissance exécutrice était sans force et sans autorité : on avait rendu illusoires ses droits et ses prérogatives ; on l'avait dépouillée de tous les moyens nécessaires pour faire respecter ses ordres et exécuter les lois ; on l'avait mise hors de la souveraineté et de la législation ; on avait réuni la royauté à la démocratie, et c'est avec raison qu'on a dit qu'elle ressemblait à ces figures fabuleuses qui représentent les beaux traits de l'humanité, et se terminent par une manière difforme. Dans la seconde, toutes les classes des citoyens, toutes les corporations, toutes les municipalités, toutes les assemblées primaires, toutes les aggrégations exerçaient les droits de la souveraineté, et chaque individu se croyait souverain. Cette bizarre constitution organisa le désordre, légalisa l'insurrection, et consacra l'usurpation et la tyrannie. Dans la troisième, la puissance exécutrice était exercée par cinq directeurs. On vit alors une lutte scandaleuse entre le Corps législatif et le Directoire : le Gouvernement était sans justice, sans morale, sans confiance, toujours occupé à combattre un parti par un autre, à élever une faction sur les débris d'une autre, sans savoir que l'anarchie, de quelque part qu'elle vienne, sous quelque nom qu'on la protège, entraîne la puissance qui l'appelle à son secours. On voyait des législateurs inquiets, ombrageux, toujours prêts à semer les méfiances et les soupçons, épouvantant tous les esprits, comprimant tous les cœurs par leurs décrets révolutionnaires et absurdes ; les départemens étaient en proie à la guerre civile ; partout des administrations faibles, incertaines, sans unité de principes, sans uniformité de mesures ; point d'énergie dans le commandement, point de ponctualité dans l'exécution ; une police impuissante et des tribunaux sans justice. A la voix d'un homme de génie, cette étrange constitution s'écroula, et un nouveau pacte social vint établir, sur les débris des factions et de l'anarchie, le règne de la justice et des lois.

Le chef suprême de l'Etat doit exercer seul les droits de la souveraineté. Un centre unique est nécessaire pour donner à tous les ressorts de la machine politique ce mouvement régulier et uniforme, qui est la vie du corps social, et pour imprimer aux lois un caractère de force et de majesté. Le chef suprême de la nation, dans sa législation, dans ses projets d'amélioration et dans son système régénérateur, ne rencontrera ni obstacles, ni entraves : il aura dans ses mains le fil qui dirigera ses opérations, et en assurera l'exécution et le succès ; il apercevra le terme où il doit aboutir, et saura l'atteindre par ses propres forces ; il ne sera point soumis aux caprices, aux volontés inconstantes, aux opinions versatiles de ceux qui partagent l'exercice de la souveraineté ; il ne craindra ni les forces de la résistance, ni l'ambition des corps intermédiaires, ni les efforts de l'ambition, ni les manœuvres des intrigues, ni les mouvemens de la jalousie, ni les soupçons de la méfiance ; il sera animé du zèle de l'amour public ; il ne verra que le bonheur du peuple dont la destinée lui est confiée ; il sera pénétré de l'étendue de ses devoirs ; il trouvera dans sa fidélité à les remplir une récompense chère et précieuse à son cœur.

L'unité du pouvoir souverain en fera la force ; elle arrêtera ces révolutions qui annoncent les vices des lois, la faiblesse du Gouvernement et la corruption des mœurs. Elle affermira la constitution, et la défendra contre les provocateurs de l'anarchie et contre les sectateurs de la tyrannie. Le monarque, comme souverain, comme législateur, comme exécuteur des lois, s'armera de la force militaire, pour enchaîner les factions et maintenir l'ordre public. Un centre unique de pouvoir souverain prévient les désordres et les insurrections : vers lui se reportent tous ces rayons qui forment un faisceau de force et de lumière ; c'est l'étincelle électrique qui se fait sentir en même temps aux deux extrémités de la chaîne. La loi, délivrée des entraves que pourrait opposer la diversité de doctrines et d'opinions des coopérateurs, parcourt paisiblement tous les points de la circonférence, écarte tous les obstacles, dissipe tous les nuages, et ramène tous les cœurs à l'union, à l'obéissance et à l'ordre social. Il faut un point unique où se réunissent toutes les pensées, et d'où partent toutes les actions; des pouvoirs divisés s'éclipsent les uns des autres, et n'ont point cette centralité si nécessaire pour donner aux opérations administratives un mouvement de force et d'activité. Détruisez ce principe de l'ordre social, il n'y aura dans le gouvernement ni union, ni stabilité, ni vigueur : ce sera une masse confuse et informe, qui, par un choc perpétuel, affaiblira les forces de l'Etat, et préparera sa langueur et son dépérissement.

Le Gouvernement monarchique indépendant, où le chef suprême de l'Etat exerce la plénitude de la souveraineté, et où il réunit le pouvoir législatif et la puissance exécutrice, est le plus ancien des Gouvernemens. La puissance paternelle en est la source et le modèle. Confucius croyait que l'autorité des pères était l'origine de la souveraineté, que l'administration d'un Etat était d'autant plus parfaite qu'elle s'éloignait moins de l'administration paternelle. Voilà pourquoi ce législateur répétait souvent qu'en bien réglant sa famille, on pouvait parvenir à se trouver digne de bien régir un empire.

Lorsque les hommes dispersés se furent réunis en société, ils créèrent un pacte social, et publièrent des lois; ils élirent un chef, à qui ils conférent le droit et le pouvoir de défendre leur vie, leur liberté, leurs héritages. Le spectacle de l'univers leur donna le modèle du Gouvernement qu'ils devaient établir; ils contemplèrent cet astre unique et éclatant qui répandait sa lumière, fertilisait les campagnes, vivifiait et embellissait la nature : ils comprirent qu'il fallait à un corps politique un centre de pouvoir et d'unité; ils portèrent leurs pensées plus loin : ils reconnurent qu'un Dieu avait créé l'univers, et présidait à son harmonie et à sa conservation. On vit donc qu'il fallait un chef unique qui régît l'Etat, comme le soleil féconde la nature, et comme un Dieu gouverne l'univers. Le gouvernement d'un seul, dit un écrivain politique, est le plus près de la nature humaine; il n'y a visiblement dans le monde physique et intellectuel qu'une intelligence qui conçoit, qu'une volonté qui exécute, qu'un pouvoir qui agit, qu'une réaction qui modère. Le gouvernement d'un seul est donc conforme à celui du suprême modérateur de l'univers, dans lequel on remarque unité de dessein, promptitude d'exécution; où l'on voit sa puissance s'enchaîner aux lois constantes de la nature, et n'être limitée que par sa sagesse à le maintenir. L'histoire ancienne ne nous parle que des patriarches, des juges, des rois, des chefs des nations qui donnèrent des lois à leurs peuples. La Grèce, l'Italie, les Gaulois, les Bretons, les Chinois, les Indiens, les Perses, les Lacédémoniens, avaient leurs souverains législateurs, les Américains leurs Incas et leurs Caciques, les Arabes leurs Cheiks, les Tartares leurs Kans; les peuples ont toujours préféré la domination d'un seul chef, et c'est ici que nous pouvons dire, avec St.-Lambert, que l'enthousiasme des républiques, au milieu de leur gloire, n'a jamais été ni plus grand ni plus délicieux que la passion énergique de quelques peuples pour leurs rois.

Les républiques se sont précipitées dans la nuit des tombeaux, et les monarchies se sont établies sur leurs débris. La république romaine allait devenir la proie des factions intestines et des guerres civiles ; elle allait périr, lorsque Auguste changea sa constitution. Rome, devenue monarchie, acheva la conquête de l'univers. Ainsi Napoléon, en montant sur le trône impérial, a sauvé la France, régie par un Gouvernement aristocratique ; elle marchait rapidement, d'erreurs en erreurs, de calamités en calamités, vers sa dissolution politique. C'est en rétablissant la monarchie, et en fondant un nouvel Empire, que ce guerrier législateur a relevé la puissance fédérative et la gloire militaire de la France, et qu'il a placé la nation française au rang du premier peuple de l'univers. La loi héréditaire du pouvoir souverain est proclamée dans toute l'Europe : les Etats démocratiques ont disparu pour se confondre dans des monarchies héréditaires ; les trônes sont affermis sur des bases inébranlables ; et on ne verra plus ces révolutions anarchiques qui ébranlent les Empires et brisent les sceptres.

Homère, Platon, Aristote, Sophocle, pensaient que le gouvernement d'un seul était le meilleur. La monarchie indépendante ou absolue convient aux grands Etats. Plus un empire est étendu, plus le pouvoir qui dispose de la chose publique, dit M. Necker, doit avoir d'énergie; et c'est avec raison que l'autorité qui meut à l'instant tous les ressorts, convient spécialement à de grands Etats entourés d'ennemis jaloux et puissans, et par conséquent, toujours exposés à leurs invasions, si les moyens de les repousser n'avaient toute la force qu'il est possible de leur donner. Plus un Empire est vaste, dit Mercier, plus il a besoin d'un principe d'unité, c'est-à-dire d'un seul chef, parce que les besoins et les cris des provinces éloignées demandent un prompt réparateur armé de la force publique. Si les richesses qu'amène le commerce se joignent à une grande population, l'union des parties devient encore plus nécessaire; tout y est tranquille, et marche d'un pas égal : telle est l'harmonie des corps célestes, qui ne laisse jamais sentir l'impression du mouvement; mais sans un chef unique législateur, le corps politique restera sans vie : lui seul peut le diriger par la douceur et la persuasion, sans de trop durs frottemens. « Le gouvernement d'un seul, dit Nicolas Donato, l'emporte sur tous les autres par la vigueur de l'exécution, par la grandeur des ressources dans les cas urgens, par la force de la discipline militaire, par la stabilité de sa constitution. » Sous le gouvernement d'un seul, Montesquieu pense que l'Etat est plus fixe;

la constitution, devenue inébranlable, suit le commandement avec la même promptitude d'exécution que la flèche suit la volonté de celui qui la fait partir. La puissance souveraine atteint partout avec la rapidité de la pensée, et se porte, pour ainsi dire, dans toutes les parties de l'Empire sans contradiction et sans obstacle : de là cette unité dans les résolutions, cette célérité dans l'exécution.

Boulanger, cet écrivain qui nous a peint avec des traits de feu les crimes du despotisme, dit que le gouvernement qui a pour fondement l'unité du pouvoir, doit être le plus sage et le plus heureux de tous. Ce gouvernement doit donc être regardé comme le chef-d'œuvre de la raison humaine, et comme le port où le genre humain, battu par la tempête, a trouvé sa félicité. Rousseau, en parlant de la monarchie, dit : « Archimède, assis tranquillement sur le rivage, et tirant sans peine à flot un grand vaisseau, me représente un monarque habile, gouvernant de son cabinet ses vastes états, et faisant tout mouvoir en paraissant immobile. » Ce qu'il y a d'estimable dans ce gouvernement, observe un savant publiciste, c'est qu'il n'a point été la suite d'une législation particulière, ni d'un système médité : il a été l'ouvrage de la nature, qui doit être la législatrice et comme la loi fondamentale de cet heureux et sage gouvernement. C'est elle qui a donné une législation capable de suivre dans ses progrès le génie du genre humain, et d'élever l'édifice social pour la prospérité des peuples.

La monarchie indépendante ou absolue n'est point le despotisme. Le monarque législateur et exécuteur des lois n'est point un despote, puisqu'il gouverne par des lois fixes et établies. Le despotisme n'est point un gouvernement, comme le prétend Montesquieu, mais une corruption de gouvernement : c'est un état violent, une maladie politique, une confusion d'ordre, un principe désorganisateur, qui substitue la force au droit, le caprice à la loi. Alors il n'y a plus de gouvernement, il n'y a plus de patrie, il n'y a plus de citoyens : on ne voit qu'un despote et des esclaves. On nomme olygarchie le despotisme de plusieurs, politie, le gouvernement de tous. On ne peut pas dire que ce soient des espèces de gouvernemens : l'olygarchie est la dépravation de l'aristocratie, la politie, la dépravation de la démocratie, comme le despotisme est la corruption du gouvernement monarchique.

Oui, le gouvernement indépendant ou illimité est celui où le chef de l'Etat réunit le pouvoir législatif et exécutif; il exerce, sous ce double rapport, toute la plénitude du pouvoir souverain; mais il gouverne par des lois constitutives ou fondamentales. Alors il n'exerce pas une autorité despotique; les lois qu'il institue sont des lois purement administratives. Il ne peut point changer de son propre mouvement les lois fondamentales; il en est, à la vérité, le dépositaire, mais il en est toujours le sujet : là s'arrête sa toute-puissance. Ces lois fondamentales sont l'ouvrage de la volonté nationale. Il y obéit, les respecte et les défend. Il ne peut donc exercer aucun despotisme, puisqu'il est soumis aux lois qui fixent ses droits, limitent sa puissance, et prescrivent ses devoirs; il ne peut être heureux que de la félicité de son peuple. Il sait, comme l'observe un savant publiciste, que le gouvernement est le cœur du corps politique, que toutes les blessures qu'il reçoit sont mortelles, que si on porte atteinte aux lois fondamentales, qui sont toute son essence, on lui donne la mort; il sait que s'il veut se placer au-dessus des lois, son autorité s'affaiblit et peut disparaître : alors il travaille de sa propre main à la destruction de sa puissance ; alors l'Etat devient la proie de toutes les factions, et la nation périt dans le supplice des révolutions. Il sait que sa gloire est attachée à la gloire de son peuple. Dans la création des impôts, il réfléchit, il médite, il convoque ses conseillers, leur demande leurs conseils et invoque leurs lumières. Il veut connaître le vœu national, et institue un corps composé de députés de chaque département ; il les interroge, il demande leurs avis et leurs suffrages ; il leur permet de faire des remontrances, qu'il méditera dans sa profonde sagesse. Son nom est plus sacré et plus vénéré, quand, rassemblant autour de lui les différens ordres de l'Etat, il parle, au nom de la loi, de la nation, de l'intérêt public et de la volonté générale.

Il existe en Europe un gouvernement mixte, où le monarque et le parlement sont législateurs, et partagent l'exercice de la souveraineté. C'est un mélange de monarchie, d'aristocratie et de démocratie, qui produit le despotisme et la corruption. La constitution anglaise devint l'objet de l'admiration et des éloges de quelques publicistes. Montesquieu s'en déclara l'admirateur et le défenseur, et son génie, qui se fit illusion à lui-même, subjugua les philosophes. Sans doute cette constitution fut quelque chose de sublime pour le temps d'ignorance et d'esclavage qui la virent naître : lorsque le despotisme subjuguait les peuples, le plus léger effort pour s'en affranchir était une entreprise hardie et glorieuse ; mais, dans la suite des temps, cette constitution a produit les fureurs des factions et les crimes des guerres civiles. Les rois ont été détrônés, et ont péri sur des échafauds ; les grands ont été égorgés par le glaive de la loi ; la noblesse a été exterminée dans les combats, et le peuple a été féroce, esclave et malheureux. Ici, le parlement dégrade Edouard II, et ce prince, si doux, périt dans des tourmens dont l'invention avait échappé aux bourreaux les plus féroces ; il ôte la couronne à Richard II, et la donne à un usurpateur. Tantôt il consacre la tyrannie des princes de la famille de Lancastre et d'Yorck, et tantôt il prononce leur proscription. Tous les blasphêmes de la tyrannie furent adoptés par le Parlement, sous le règne de Henri VIII ; il approuva les lois sanguinaires de ce prince, qui fut le scandale de l'Europe et l'opprobre de l'humanité. Il donna la couronne à ce Richard III, dont les crimes ont surpassé ceux de Tibère et de Néron; il renversa la monarchie anglaise, expulsa du trône Jacques II, et établit une nouvelle dynastie sans consulter la nation.

L'Anglais, par une heureuse magie, se croit libre, mais il est dans les fers. Le peuple anglais pense être libre, dit l'auteur du Contrat social; il se trompe fort: il ne l'est que durant l'élection des membres du Parlement; aussitôt qu'ils sont élus, ils sont esclaves. Il n'est rien dans les courts momens de sa liberté : l'usage qu'il en fait mérite bien qu'il la perde. L'Anglais n'est pas même libre durant l'élection des membres du Parlement; il vend sa liberté et ses suffrages au poids de l'or. On enchaîne sa volonté; il choisit malgré lui, non les députés les plus propres à défendre ses droits, mais les plus agréables au Gouvernement; c'est lui qui dirige son choix. Là où la corruption commence, là expire la liberté. Cet état de violence et de despotisme qui force un citoyen paisible à servir sur les escadres britanniques, cette fiscalité inquisitoriale qui ordonne à tous ses satellites d'aller violer les asiles, et de pénétrer, par la force et par la séduction, dans les secrets des familles; ces entraves qui gênent le commerce; cette intolérance religieuse et politique; ces corporations dangereuses; ces parlemens vendus au Gouvernement; cette multiplicité d'emprunts ou de taxes; cette progression nouvelle des capitaux; cette confiance dans la circulation immense d'un papier-monnaie; ce vice dans le choix des suffrages; cette irrégularité dans les élections; cette rigueur des lois pénales: ce Code civil, mélange de confusion, d'injustice, né des institutions sauvages, et de la féodalité anarchique; ces combats des prérogatives et de la liberté publique, entre le Gouvernement et le parti de l'opposition; ce contraste qui règne entre les lois constitutives et les lois d'administration; cette réunion du pouvoir législatif au pouvoir judiciaire; tous ces abus et toutes ces violations du droit public, montrent tout ensemble les imperfections de la constitution britannique, et l'esclavage du peuple.

Dans ce Gouvernement mixte, le roi peut faire du congrès qui représente la nation, l'organe de sa volonté et l'instrument de son despotisme; il peut opprimer le peuple sans craindre les lois qui limitent sa puissance et ses droits, et sans que la constitution en soit altérée. Dans tous les autres Gouvernemens, dit Filiangeri, la crainte est la compagne inséparable de l'oppresseur. Si un souverain, dans une monarchie absolue, veut resserrer les fers de ses peuples; s'il veut rompre le pacte en vertu duquel il est monté sur le trône; s'il veut opprimer ses sujets par des impositions excessives, il a toujours devant les yeux la fureur du peuple qui le tourmente; il sent son trône chanceler sous ses pieds. Mais dans les Gouvernemens mixtes, le roi, qui peut se servir du bras du congrès pour opprimer la nation, peut le faire aussi sans avoir tant de motifs d'effroi; il sait que le congrès sera responsable de tout auprès de la nation, et il sait que ce ne sera jamais sur sa personne que viendra fondre la fureur du peuple. Il a donc un instrument de plus, et autant d'obstacles de moins pour devenir un oppresseur. Si à la volonté de l'être, il réunit les talens nécessaires pour y réussir, il suffit qu'il ne détruise pas de sa propre main l'appareil de la constitution; il suffit qu'il respecte les droits du congrès, et qu'il se contente d'en disposer; alors il fera sans danger tout ce qu'il voudra : rien ne s'opposera à son despotisme.

Dans ce Gouvernement mixte, l'on voit cette

continuelle fluctuation de pouvoir entre les différens corps qui se partagent la souveraineté : fluctuation difficile à prévenir, et qui produit l'instabilité de la constitution. Ces corps sont perpétuellement occupés d'accroître à l'envi la portion de la souveraineté qui leur est confiée. On ne peut compter, dit Machiavel, sur la stabilité d'aucun Etat, s'il n'est vraiment monarchique; tous les autres Gouvernemens intermédiaires sont défectueux. Si on ne voit point dans le Gouvernement mixte de l'Angleterre le despotisme légal, on y aperçoit la corruption ministérielle, agent plus dangereux et plus redoutable que l'autorité absolue du monarque, puisque le peuple anglais respecte dans son roi le droit qu'il a de le corrompre. Le despotisme, par ses propres excès, s'épuise et s'anéantit, et sur ses ruines naît et s'élève l'auguste édifice de la liberté publique. Mais lorsque le Gouvernement applaudit et sanctionne la corruption, alors il se prépare dans le sein de l'Etat une révolution terrible qui conduira le peuple à l'anarchie et à l'esclavage. Comme toutes les choses humaines ont une fin, dit Montesquieu, l'Angleterre perdra sa liberté. Rome, Lacédémone, Carthage ont bien péri. Elle périra lorsque la puissance législative sera plus corrompue que la puissance exécutrice. Cette époque, fixée par l'illustre auteur de l'*Esprit des Lois*, est enfin arrivée : cette prophétie va s'accomplir. La corruption des mœurs, qui conduit toujours à la corruption des lois, a dégradé les conceptions, a perverti les consciences, a détruit les vertus publiques, et a substitué à l'amour de la patrie et de la liberté, cette soif insatiable de l'or, et cette avidité d'honneurs et de dignités qui font oublier à l'homme son origine primitive, et lui donnent les vices et la bassesse des esclaves. Les représentans du peuple anglais achètent ouvertement, à prix d'argent, leur élection aux assemblées nationales. Une fois élus, les uns deviennent des courtisans et des favoris, occupés à entourer le trône et à flatter les rois, pour obtenir les honneurs du ministère, ou la dignité de la pairie ; les autres se déclarent les ennemis des prérogatives royales, et les censeurs perpétuels du Gouvernement, pour acquérir cette célébrité que l'enthousiasme donne aux vertus républicaines, et quelquefois à l'hypocrisie politique. Dévorés par l'ambition, ils veulent fixer les regards, et surprendre l'admiration publique, en développant un grand caractère d'opposition, pour forcer la cour à leur confier l'administration des affaires publiques. Lorsqu'ils sont parvenus à remplir l'objet de leurs vœux et de leurs intrigues secrètes, ils abandonnent leurs anciens principes, et ces nouveaux caméléons politiques deviennent les fauteurs du despotisme qu'ils affectaient de combattre.

La nation anglaise, conquise par les Saxons, les Danois et les Normands, s'est toujours prosternée devant ses oppresseurs ; elle a été avilie sous la dénomination de ses conquérans : malheureuse sous les rois de la race de Plantagenet, esclave et tremblante sous la dynastie de Tudor, factieuse et féroce sous les princes de la famille de Stuart ; sous les rois de la maison de Brunswick, elle est parvenue au dernier degré de la corruption. Cette nation était plus libre sous les règnes des trois premières races ; elle montrait quelques vertus : c'était un assemblage d'héroïsme et de perfidie, de courage et de férocité, de religion et d'immoralité, d'orgueil et de bassesses, d'actions sublimes et bizarres ; mais aujourd'hui cette nation, dégradée par ses vices, avilie par son Gouvernement, méprisée par ses propres représentans, voit sans effroi l'accroissement de la tyrannie, et se réjouit au milieu de sa servitude et de sa corruption.

On a souvent agité la question importante

de la meilleure forme de Gouvernement qui convient à un peuple; ce problême politique est facile à résoudre. D'abord on ne trouvera jamais la perfection dans aucune forme de Gouvernement. Tous portent en eux le principe de leur destruction, parce que tout tend à sa dissolution. Les empires s'écroulent, les générations passent, les trônes tombent avec fracas, la nature entière se trouble, s'agite, et semble se précipiter vers le néant; de vastes abîmes et des lugubres tombeaux s'élèvent sur les débris des cités, et ces régions, jadis éclairées par les lumières et les arts, ne sont aujourd'hui peuplées que des esclaves abrutis par l'ignorance et dégradés par la superstition. Le plus parfait des Gouvernemens est celui où tous les citoyens obéissent à ces lois destinées à défendre leur liberté et à protéger leurs propriétés. Le meilleur des Gouvernemens est celui où le droit de la propriété est respecté, la vertu récompensée, et le crime puni. Le plus parfait des Gouvernemens est celui où la paix règne parmi les citoyens, où le souverain, par la force de sa puissance, enchaîne les factions, prévient les dissensions intestines, réprime les perturbateurs de l'ordre social, et veille sur les mœurs publiques. Un Etat paisible annonce toujours la prospérité de la nation. Le peuple danois, sous un Gouvernement absolu, est plus libre et plus heureux que le peuple anglais vivant sous un Gouvernement mixte. Le premier fonde son bonheur sur l'obéissance aux lois; le second est un esclave en proclamant l'excellence de sa constitution, et sa souveraineté.

Où chercherons-nous le plus parfait et le meilleur de tous les Gouvernemens? sera-ce dans la démocratie, où le peuple, ou ses représentans exercent la souveraineté? Mais le Gouvernement démocratique est une source perpétuelle de malheurs et de crimes; il porte avec lui le principe de sa destruction. Dans les temps difficiles, il a fallu souvent que Rome, pour sa propre conservation, se soumît volontairement à des dictateurs souverains; ce remède violent, qui suspendait l'action de toute loi et de toute magistrature, fut la ressource de cette fameuse république dans toutes les circonstances malheureuses où les vices de sa constitution la plongeaient. Le chercherons-nous dans le Gouvernement aristocratique? Mais ce Gouvernement a tous les vices et tous les dangers de la démocratie; il ne peut y avoir qu'oppression et tyrannie, parce qu'il ne peut y exister des vertus politiques. Enfin le chercherons-nous dans le Gouvernement mixte? Mais dans ce Gouvernement il ne peut y avoir ni union, ni concorde, ni paix; les orages politiques éclateront, la foudre grondera au milieu d'une nuit obscure. La souveraineté, dans ce Gouvernement, est partagée entre le monarque et le Corps législatif. La souveraineté divisée doit nécessairement produire des dissensions intestines sans cesse renaissantes. La marche des autres autorités pour parvenir au despotisme est toujours lente : celle du Corps législatif est rapide. Le renversement des lois, difficile à la puissance exécutrice, la puissance législative peut l'opérer en un moment. Les lois n'ayant besoin pour exister que de sa volonté, elle peut aussi les anéantir. Le Corps législatif peut créer et détruire dans un instant ce qu'il veut; d'un seul mot, il peut arrêter la perception des impôts, s'emparer du trésor public, soulever le peuple, et le rendre séditieux et criminel sans remords. De tous les pouvoirs que le peuple délègue, c'est la puissance législative qui tend le plus au despotisme : sa force morale est plus puissante que des armées, et il peut marcher sans obstacles à l'usurpation et à la tyrannie. Les annales britanniques nous attestent cette triste vérité. Toutes les fois que le pouvoir législatif et la puissance exécutrice ont cherché à se combattre, la multitude s'est toujours réunie au corps législatif; elle n'a vu dans son souverain qu'un despote et un tyran. Le savant Delorme compare la volonté du Corps législatif à celle de Dieu, lorsqu'il dit que la *lumière se fasse.* On sent combien une telle puissance peut facilement abuser de son pouvoir sur l'esprit d'un peuple toujours avide d'innovations : on ne peut s'opposer à sa volonté sans occasionner des commotions terribles qui préparent la dissolution de l'Etat. Rien ne peut arrêter le despotisme d'un corps : il est toujours existant. La mort d'un despote met un terme à sa tyrannie; il n'y a qu'une sanglante et terrible révolution qui puisse anéantir le despotisme d'un Corps législatif.

Dans un Gouvernement mixte, on conserve un esprit républicain qui tend toujours à la révolte et à l'indépendance. On y recule toujours les limites de la liberté, jusqu'à ce qu'on parvienne à la licence et à l'anarchie; tant il est vrai que toutes ces institutions qui tiennent des démocraties, sont des semences de troubles qui fermentent comme des matières combustibles dans les entrailles d'un volcan. Là, on attaque le Gouvernement, on combat les droits et les prérogatives du souverain ; bientôt l'Empire est bouleversé ; le peuple passe de l'anarchie à l'esclavage ; il reste dans cet état d'opprobre et d'humiliation jusqu'à ce qu'une main puissante, un homme de génie vienne briser ses fers, et le rendre au bonheur et à la liberté, en rétablissant ses anciennes lois et ses antiques institutions.

C'est dans la monarchie indépendante que l'Etat trouvera sa force, sa durée, et le peuple sa gloire et sa prospérité. Le monarque législateur souverain maintiendra, par la force de ses lois, la tranquillité publique, et travaillera à la félicité de son peuple par la sagesse de ses institutions ; il réprimera toutes les passions qui s'efforcent de contrarier le bien général ; il veillera sur les dépositaires de son autorité ; et, dans le libre exercice de sa souveraineté, il donnera à l'édifice social des bases qui en assureront la perpétuité, et l'entoureront d'une enceinte impénétrable qui le mettra à l'abri des révolutions.

Il y a des vérités qu'il faut souvent répéter pour les graver profondément dans l'esprit. Nous ne cesserons de proclamer ce principe d'ordre social, que dans ce Gouvernement indépendant ou absolu, le monarque ne peut point être oppresseur, ni le peuple opprimé. La liberté d'un peuple consiste dans l'obéissance aux lois, et dans l'amour de la patrie. Le souverain a auprès de lui un conseil d'Etat qui est le principe et le modérateur de ses actions. Tel est, dans le corps social, observe un publiciste, cet esprit invisible qui pense, délibère, et imprime un nouveau principe de mouvement et d'activité aux rouages de la machine politique. C'est lui qui examinera, approfondira, discutera les lois sur les différentes parties de l'administration, avant leur promulgation. Il sera auprès du monarque l'organe de la vérité, l'interprète du vœu national, et le mandataire du chef de l'Etat.

Dans ce Gouvernement indépendant, la nation a délégué à son chef ses droits de souveraineté, qu'elle ne peut plus exercer : les forces de la société sont justement distribuées ; des lois fondamentales créent et règlent les pouvoirs, en fixent l'étendue, les droits et les devoirs. Ici on voit le législateur souverain, commander et obéir aux lois. Là, on voit un corps de citoyens savans et vertueux donnant des conseils au monarque sur les grands objets de la législation, jouissant d'une grande illustration, et présentant au chef suprême de l'Etat la volonté générale; il l'éclairera sans combattre son pouvoir. En lui montrant l'étendue de ses devoirs, il défendra les droits de la souveraineté consacrés par la constitution. Il écartera de ses délibérations ce système d'opposition, toujours contraire à l'intérêt public, et à l'obéissance que les sujets doivent à leur souverain. Il est impossible que dans cette organisation du contrat social, le monarque puisse exercer le despotisme ; s'il réunit le pouvoir législatif et la puissance exécutrice, c'est pour le bonheur du peuple. Ce n'est point pour les intérêts de leurs chefs que les nations leur ont transmis toute l'étendue de la souveraineté, c'est pour le maintien de l'ordre public, pour la tranquillité des sociétés politiques, pour enchaîner les factions, qu'elles leur ont donné une si grande étendue de pouvoir : c'est la loi fondamentale de l'Etat qui consacre ce pouvoir et le perpétue. Le chef suprême de la nation, en exerçant la plénitude de la puissance souveraine, obéit, et exécute la volonté nationale, dont il est l'organe et le dépositaire.

Gardons-nous de confondre le Gouvernement avec la constitution. Suivant tous les savans publicistes, le Gouvernement est l'esprit de la constitution mise en action ; c'est l'instrument dont il se sert pour maintenir et faire exécuter les lois constitutionnelles ; aucune société ne peut exister sans une autorité assez puissante pour réprimer les efforts de l'intérêt particulier contre l'intérêt commun ; c'est cette autorité souveraine qui constitue l'essence du Gouvernement, centre unique auquel tous les rayons se rapportent, et dont la force doit être assez grande pour conserver l'équilibre de toutes les parties. Le mode du Gouvernement est lié à la constitution ; il n'en est séparé que par le jeu de ses mouvemens, et c'est précisément ce qui constitue le pouvoir souverain. Mais il doit recevoir son principe de vie et son principe d'action du monarque législateur et exécuteur des lois. Le Gouvernement est le dépositaire de la force publique, le représentant de la volonté générale ; c'est l'âme du corps politique ; il ne peut s'anéantir sans que les liens de la société se dissolvent ; comme force et comme source d'esprit public, il est, pour les administrateurs en général, ce que le soleil, comme foyer de la chaleur universelle, est pour toute la terre ; il la réchauffe de ses rayons, et distribue un principe de fécondité dans toutes les parties du système végétal, pour animer et pour développer les germes qui reposent dans son sein.

La souveraineté sans partage réside dans le chef du Gouvernement, elle y est inhérente, et ne saurait en être séparée. Le Gouvernement est la pierre fondamentale de l'édifice social; c'est lui qui le soutient, le conserve et le perfectionne: un Gouvernement est plus utile et plus nécessaire qu'une constitution. Des lois civiles et politiques forment le pacte social; mais il deviendrait inutile, et serait dans l'inertie, si une main puissante ne lui donnait un principe de vie et de conservation. On peut bien concevoir, disait un membre du Corps législatif, un empire sans constitution; mais on ne peut le concevoir sans Gouvernement. Tous les législateurs ont donné à leur pays des lois constitutionnelles, qui sont restées dans la poussière des siècles, tandis que les peuples fixaient leurs regards sur les gouvernemens, inconstans dans leurs principes, suivant les tems, les circonstances et les événemens. La constitution de Lycurgue a duré cinq cents ans; mais que de variations n'a point éprouvé le Gouvernement des Lacédémoniens!

La constitution de Numa, toujours respectée à Rome, même sous les empereurs, n'a pas empêché que le Gouvernement n'ait été bouleversé par de grandes révolutions. Le Gouvernement d'Athènes, mal constitué, a produit des malheurs et des crimes. Quelle ressemblance y a-t-il entre la fameuse chartre anglaise et le Gouvernement britannique, entre l'alcoran et le Gouvernement turc, entre la loi salique et l'ancien Gouvernement français? Ce n'est point contre les constitutions des empires que les novateurs séditieux s'arment. Que leur importe la conservation ou le renversement des lois fondamentales? ce sont de faibles barrières contre leur audace ou leur ambition. C'est le pouvoir souverain qu'ils veulent détruire pour y substituer l'olygarchie. Il faut donc que le souverain s'arme de la force de ses armes et de la puissance des lois pour prévenir ces projets de destruction, et punir ces hardis conspirateurs. La force ou la faiblesse des Gouvernemens soutiennent ou renversent les Etats, font la splendeur ou la misère des peuples.

L'indolence des rois fortifie les vices des nations, et multiplie les crimes publics. Alors il n'y a ni mœurs, ni liberté, ni patrie, ni bonheur : tous les citoyens deviennent étrangers à l'Etat. De ce désordre universel naît la corruption générale. Un roi faible devient le jouet et l'instrument des passions de tous ceux qui l'entourent ; alors son sceptre doit se briser entre ses mains, ses vertus privées lui seront inutiles ou dangereuses ; elles serviront même à hâter cette terrible révolution. La justice, la fermeté, la force du caractère, l'énergie de l'âme, l'austérité des principes du monarque, affermiront son trône, et rendront son gouvernement cher aux vrais citoyens, et redoutable aux hommes pervers. Toutes les classes des citoyens, dans la dépendance des lois, jouiront des bienfaits du pacte social, et chacun bénira un règne heureux qui lui assure l'exercice libre et paisible de ses droits.

La France fut avilie sous ses rois fainéans, malheureuse sous Charles VI, Charles IX et Henri III. Elle fut grande et respectable sous Charlemagne, Louis IX, Henri IV, Louis XIV. Elle est parvenue au dernier degré de puissance sous le gouvernement juste et ferme de Napoléon-le-Grand.

FIN.

DE L'IMPRIMERIE D'A. ÉGRON,
Imprimeur du Tribunal de Commerce.